Kärleken till livet
Del 1

Skriven av
Irene Hummelgård

© 2019 Irene Hummelgård
Förlag: BoD – Books on Demand, Stockholm, Sverige
Tryck: BoD – Books on Demand, Norderstedt, Tyskland
ISBN: 978-91-7569-189-3

alla ni som   ar
mig. Min familj   vänner
Jag hade aldrig   larat mig
u n er   tan giv upp.Ni
   k mig   t kämpa mig
tillb   återfå livet om
    t vara en   l   ndig
   individ   amse kram till
er alla

drabba v en l g
u dom Parkinson i unga år.
Normalt så får man det mellan
år. Jag k min diagno
strax efter ag fyllt år. Kom
som ett dråpslag ! Hur hanterar
man ett sådant besked. h den
örsta frågan många äller sig
är arför just
jag d har jag gjort för
drabbas av detta ? Många

frågor ställer man sig och tyvärr så finner man inga svar. Jag kan bara berätta min historia. Det jag har varit med om. En berg och dalbana. Upp och ner. Du kan aldrig veta hur du kommer att må i morgon. Det är en sjukdom som fortskrider och du kräver mer och mer mediciner. Man skjuter bara fram problemen för att kunna leva drägligt i några år till. Tills du kräver mer mediciner. Tyvärr så finns inget botemedel mot denna sjukdom. Men jag har givit blod till forskning kring Parkinsons sjukdom. Min stora förebild är Michael J Fox. Han är en förebild för många med Parkinson. Han har givit sjukdomen ett ansikte ! Han är en stor stjärna för mig. Han har skrivit en bok som jag blev inspirerad av att skriva själv en bok. Om mina upplevelser och tankar. Många blir deprimerade och så även jag. Man måste få gråta ut ! Men du ska veta att forskningen går framåt. Och jag hoppas att dom kommer på ett botemedel mot denna sjukdom som kan vara lite skrämmande och frustrerande. Men det svåra är ju att acceptera sjukdomen. Men jag har lärt mig att leva efter det. Att komma till den punkten att man accepterar situationen. Och gör det bästa utav den.

Jag tar mediciner var tredje timma, samt att jag måste byta plåster varje dag. Samt att dbs är på hela tiden. Den operationen gjorde mig mycket bättre ! Jag är så glad över att jag har fått gjort den. Den har verkligen förändrat mitt liv. Jag är så tacksam över att jag har fått gjort den operationen. Träffade min läkare som opererade mig uppe i Umeå. Han är väldigt nöjd med operationen. Han blev nog imponerad över vad jag har gjort efter den. Jag har kunnat måla köksluckor,målat garderobs dörrar m.m Har även fått en bok publicerad också ! Jag är så glad över att klara mig själv nu ! Men det finns dåliga blandat med bra dagar också. I går var det ingen bra dag för mig. Jag blev stillastående på golvet. Jag har inte kontroll över min kropp utan man går med små, stapplande steg. Sen så infinner sig den inre stressen. Stressen av att gå fortare men då är risken stor att man ramlar och slår sig. Har inga skakningar , men kan faktiskt

ibland frysa fast i golvet.
Fötterna lyder mig inte men
kroppen vill framåt ! Du har inte
kontrollen över din kropp
längre ! Det är Mr.Parkinson
som bestämmer. Jag vet att
många känner igen sig. Så ni vet
vad jag talar om. När jag säger
att jag fryser fast i golvet, då vet
ni vad jag menar. Jag lyckas
klara av städningen hemma
här ! Men idag så orkar jag inte.

Jag har även börjat och meditera en timme om dagen. Tro mig det hjälper ! Du får ett inre lugn och harmoni ! Och sen får du nya krafter, fråga mig inte hur ! Men jag känner att jag får mera ork. Testa och prova ! Det skadar inte. Testa olika saker som du mår bra utav. Har du nyss fått diagnosen så är livet inte över för det ! Fast det känns som så i början. Men jag säger detta av min egen erfarenhet, att det blir mycket bättre ! Jag har fått nya vänner genom min sjukdom. Träffat några genom Parkinsons förbundet. Och en del på facebook. Som man kan prata med och som förstår vad man pratar om. Men den drabbade familjen förstår men det är inte samma sak. Dom kan inte föreställa sig krampen som man kan få på morgonen. Det gör så djävulskt ont, går ej att beskriva i ord. Men du som har sjukdomen förstår hur ont det kan göra ! Det är hela foten som krampar så att tårna viker sig inåt. Och man får med våld sträcka ut tårna och strecha hälsenan. Efter ett tag så släpper krampen. Men då betyder det att jag har för lite medicin i kroppen. Men det hjälper om man tar en Madopark Qvick mite. Då släpper det ganska snabbt ! Jag vägrar ge upp ! Jag kan vara envis som en röd gris. Jag har även börjat och målat också ! Det är väldigt avkopplande och avstressande. Så jag har målat över 200 bilder nu ! Gjort även tavlor av dom också ! Det gäller att hitta en hobby som du tycker om att göra. Ut och träffa människor ! Gå kurser m.m. Gå med

Parkinsons Förbundet där träffar du likasinnade som förstår vad man pratar om ! Du får garanterat nya vänner där ! Idag så följde jag min dotter för att rösta till EU. Det gick bra . Hon har accepterat att jag har fått en obotlig sjukdom. Men jag har inte samma ork längre. Den tar fort slut. Får fördela arbetet hemma här ! Dela upp städningen på hela veckan.Jag hjälper min dotter så mycket som jag kan ! Jag har lärt mig att säga ifrån också. Det är viktigt att kunna avstå och tänka på sig själv, för ingen annan gör det ! Du kanske tycker det låter lite egoistisk, men det måste man ju få vara om du ska må bra och inte ta ut dig helt. Idag så är det lite skakigt faktiskt.Staplar runt lite. Ska gå och kasta lite grov sopor. Min dag ser ganska så *lugn ut. Måste skaffa mig nya målar böcker !! Det är avkopplande för mig, rena rama terapin !! Idag så har jag tagit reda på tvätten. Har tvättat alla kuddfodral i soffan. Ska plocka undan och städa lite. Så kan jag bara dammsuga och torka golven i morgon. Idag så har jag putsat det sista fönstret. Nu så är det bara balkongen kvar ! Men det får* fönsterputsen få göra ! Väl värt pengarna

Det är värt mycket ! Så slipper manhänga ut med halva kroppen. Det är inte värt besväret !

Snålheten får inte bedra visheten Hahahaha !!

2019-06-20.

Idag så känns det bättre. Har rensat i garderoberna, städat ur dom. Jag känner mig nöjd.

Att lära sig att leva med Parkinson är inte en lätt uppgift. Svårt att lära sig att acceptera hur livet kommer att se ut hädanefter. Här kommer min berättelse om sjukdomen och om vänner, familjen och om allt som jag råkade ut på vägen. Vi tar det från början.

Mitt liv var ganska normalt till en början och livet rullade på , tills den där dagen kom som förändrade

mitt liv ! Visst, jag hade varit mycket hemma och sjuk. Förstod inte varför jag fick ont i ländryggen. Man börjar väl få krämper nu när man börjar bli till åren, tänkte jag. Jag hade städat åt kommunen i 23 år. Så det är väl inte så konstigt tänkte jag. Men sen kom skakningarna och stelheten. Min arbetsgivare ville nu ha 1:a dags intyg hädanefter. Samtidigt fick jag tid hos kommunhälsan för att komma dit. Och sjukgymnasten sa att det inte är normalt att skaka så Irene sa hon. Hon bokade tid på vårdcentralen. Snabbt fick jag en remiss upp till sjukhuset. Där fick jag träffa min parkinson läkare. Som jag har haft hela tiden sen dess. Han är en väldigt duktig läkare. Han misstänkte på en gång men han sa först att han ville att jag skulle göra en röntgen på hjärnan. För att vara säker sa han. Som visade tydliga tecken på att jag hade drabbats av Parkinson.Jag hade nyss fyllt 41 år då jag fick min diagnos.

Hur kunde detta va möjligt ? Frågade jag mig själv.Jag visste inte så mycket om sjukdomen. Så jag började läsa om den. Jag hade ju drabbats av en obotlig sjukdom. Tårarna kom i mina ögon.Då kom det en flod av tårar nerför min kind.Stackars min pappa, tänkte jag. Hur skulle jag berätta det för honom.Mina symptom som jag hade (nu när jag tänker efter)var ju så självklara och då hade jag säkert symptom i ett helt år före diagnosen. Jag berättade för min pappa. Sen fick jag reda på att

*min mamma hade också
Parkinson.Men hon skakade
bara på höger sida. Sen i släkten
så är det 5 st på min mammas
sida som har Parkinson. Jag
blev den 5 som fick sjukdomen.
Så i mitt fall så är det lite
genetiskt. Mina symptom hade
nu eskalerat sig snabbt. Så jag
fick börja med sprutor i magen
och käka mer tabletter. Det gick
inte så bra med sprutor. Sen fick*

jag prova duodopa pumpen. Detta blev en katastrof för mig. Det första som hände var att när jag skulle operera mig för pumpen. Så lossnade alla grejor i magen. Och jag fick djävulska smärtor i magen. Jag blev så dålig och hade så ont att jag orkade inte skrika ut min smärta utan jag bara stönade så ont hade jag. Läkaren som opererade mig kom upp på avdelningen och klämde mig på magen och sa att han måste öppna mig igen. Och då såg han att allt hade lossnat i magen. Ingen bra början för mig. Jag hade förberett mig den här pumpen.Sen fick jag åka hem.För nu skulle jag lära mig att leva med den här pumpen.Det kändes som om jag hade en fotboja runt foten jämt !! Jag skulle koppla bort den varenda *gång jag skulle duscha och sen så skulle jag koppla på den igen. Skulle hålla rent i slangarna var den dagliga skötseln. Hämta ut kassetter(duodopa medicin)på apoteket. En kassett per dag gick åt. Och dyr var dom också ! Och kylvara var det också. Fick skynda sig hem å lägga dom i kylen. Sen fick jag ont i magen igen. Fick fara in akut. Då hade slangen i magen vikits sig. Så när dom rätade ut slangen, vet ni vad som hände då ? Jo, då fick jag för mycket medicin på en gång så jag fick hallucinationer. Och blev inlagd på sjukhuset. Näää, jag grät ! För så här ville jag inte ha det ! Alla sa att det kunde tillstöta komplikationer vid varje operation sa dom. Det kom upp en duodopa sköterska upp från Göteborgoch flög hit upp för att* träffa mig.Hon pratade varmt om denna pump.Men det hjälpte inte mig. Jag sa till min parkinson läkare på sjukhuset att jag inte ville ha pumpen kvar. Jag vill göra en dbs operation. Jag tjatade och tjatade till slut så fick jag klartecken att få komma upp till Umeå. Det gav resultat . Jag ska säga er hur dålig jag blev när jag hade pumpen. Jag klarade inte mig själv längre !

Jag fick hemtjänst 3 gånger på dagen. Och det går inte att beskriva vilken frustration som växte inombords. Jag var ledsen hela tiden och grät !! Jag som hade klarat mig själv hela tiden. Och nu helt plötsligt skulle jag få hjälp med duschning och allt !! När jag skulle ta bort den där förbaskade pumpen gick det snett då också ! For in på sjukhuset och skulle ta bort den.

Vilket att pumpen hade slagit ut alla B-vitaminer i kroppen på mig. Så jag fick nervskador på händer och fötter. Fick genast börja med att käka max dosen på B-vitaminer. Men skadan var ju redan skedd !! Men jag var fri från pumpen ! Vilken lycka !Men att vara beroende av hjälp av andra kändes inget vidare. Nu började en kamp om att klättra sig uppåt ! Jag fick verkligen kämpa mig tillbaka. Allt som händer nu kan bara bli till det bättre ! Inget kan bli sämre än det här som jag har varit med om ! Frustrationen låg kvar i kroppen och växte allt mer !Nu så hade jag tydliga symptom, skakningar, stelhet,ont i ländryggen, och krampen som kom alltid på morgonen.   Gjorde hemskt ont ! Blev stillastående på golvet så kallad "freezing".Så här dålig hade jag inte varit nån gång. Jag befinner mig på botten, men jag måste kämpa mig tillbaka ! Det var bara så ! Nu började en kamp. Fick fara upp till Umeå för en massa tester. Första gången fick jag inte göra operationen. För att jag var för deprimerad. Det var väl inte så konstigt med tanke på det jag hade varit med om !Nästa gång jag for upp till Umeå fick jag klartecken för att göra en dbs operation.Jag grät av glädje den kvällen då jag gick och la mig. Jag fick rikta in mig på min efterlängtade operation ! Det är vissa saker du måste uppfylla för att göra en operation.Du får inte ha nån demens. Ska ha haft sjukdomen i några år oxå !

Jag kände ilska, förbannad var jag också ! Jag anmälde detta till Patientnämnden men fick inget gehör där heller ! Det kan tillstöta komplikationer vid varje operation. Min ilska finns fortfarande där så fort jag tänker på det ! Kändes som ingen trodde på mig längre ! Pumpen kan ju passa andra men inte mig.Min kropp kanske stötte bort sakerna i magen. Satte min tilltro och hopp om ett bättre liv ! För jag har befunnit mig länge *nog på botten. Allt kan bara bli bättre inte sämre.Så jag fick göra min efterlängtade operation. Nu kändes det bra ! Dom hade video filmat mig före operationen då jag hade så svårt att gå och jag hade kramp i foten! Och sen filmade dom mig efter operationen. Hade inga skakningar. Helt otroligt !Va duktig dom är uppe i Umeå. Dom förtjänar all uppskattning !*

Jag har fått mitt liv tillbaka ! Jag måste lära mig och fördela arbetet på hela veckan ! Men jag är inte van och lämna nå saker ogjort !Jag pressar mig själv till det yttersta. Kroppen säger ifrån då. Det har varit fart och fläkt hela tiden i mitt liv. Och nu måste jag dra ner på takten. Känner man sig skaplig då skyndar man sig för att göra så mycket som möjligt ! Det straffar sig i slut änden..

Mina rara små troll fyller 3 år den 1 oktober, då blir det kalas här ! Det har jag lovat dom !! Det är mina 2 innekatter.

Sen så har jag min afrikanska samling. Jag har både tavlor, masker och figurer. Sen så har jag köpt en tibetansk klang skål för min meditation, som jag ska försöka göra en timme om dagen

! Man får ett inre lugn. Och så får man nya krafter fråga mig inte hur ! Men man orkar mera !!

Den inre stressen försvinner ! Sen så har jag börjat att träna på Friskis och svettis !! För magen ska bort ! Ska träna 3 gånger i veckan. Måndag, onsdag och fredag. Ska försöka äta lite nyttigt också ! Skippa kolsyrad dricka, chips och godis ! Som parkinson sjuk är det bra att träna på balansen. Och träna ryggen också. Jag blir fort trött i ryggen. Men jag kör inte så hårt utan tar det lugnt från början.

Jag har fått en annan livssyn! Ta vara på er hälsa skulle du förmodligen drabbas av Parkinson så är inte livet över för det ! Du är inte ensam om dina problem. Det finns en grupp på facebook, där har jag fått nya vänner som har Parkinson. Man utbyter tankar och man kan prata med nån som förstår vad man går igenom ! Och hur man känner sig. Som sagt så ser jag ljust ut på min framtid. Har många projekt på gång. Säger som Michael J Fox, "Always looking up !" Allt kan bara bli till det bättre ! Och kom i håg att

Rom byggdes inte på en dag !!

Sköt om er !!

Kram..Irene